AF263858

TESTAMENT

DE

SA MAJESTÉ LA REINE

MARIE-ANTOINETTE,

Auquel on a joint les Discours prononcés dans les deux Chambres ; les réponses de S. M. LOUIS XVIII et de S. A. R. *MADME*, *Duchesse d'Angoulême* aux différentes députations *et* l'arrêté de *Monsieur le PRÉFET de la Meuse*, relatif à la publication de cet écrit mémorable.

A BAR-LE-DUC,

DE L'IMPRIMERIE DE LAGUERRE.

1816.

ARRÊTÉ
DE M. LE PRÉFET
CONCERNANT LA PUBLICATION
DU TESTAMENT

DE SA MAJESTÉ LA REINE MARIE-ANTOINETTE.

LE Préfet du Département de la Meuse, Chevalier de l'Ordre royal et militaire de St Louis,

Vu le Testament de l'*Auguste Princesse MARIE-ANTOINETTE d'Autriche, Reine de France*, en date du 16 octobre 1793;

Considérant que la Providence a permis que ce monument de la vertu sublime victorieuse des attaques du crime, au moment même où elle en devenait la victime, ait été retrouvé dans ce département; et que, s'il est pour tous les vrais français un héritage précieux, il l'est encore plus pour ceux sur le territoire desquels il a été recouvert;

Considérant que si, par un sentiment respectueux de déférence pour l'auguste famille royale, il n'a pas dû prendre l'initiative de la publication de ce monument, il doit employer tous les moyens propres à répondre à l'empressement de ses administrés,

ARRÊTE:

Le Testament de *Sa Majesté MARIE-ANTOI-NETTE d'Autriche, Reine de France*, adressé peu d'heures avant sa mort, le 16 octobre 1793, en forme de lettre, à son *auguste sœur, Madame ÉLIZA-BETH de France*, sera inséré au recueil des actes de la Préfecture du département de la Meuse, et imprimé séparément, pour être adressé à toutes les administrations, déposé aux archives de la préfecture, des sous-préfectures et de toutes les mairies du département, et répandu dans toutes les communes. MM. les Curés et Desservans seront invités à le lire au prône de leurs paroisses.

Fait et arrêté à Bar-le-Duc, le 4 mars 1816.

L. MAUSSION.

Par le Préfet :

Le Secrétaire général de la préfecture,
Chevalier de la Légion d'honneur,

LIÉGEARD.

TESTAMENT DE SA MAJESTÉ

LA REINE MARIE-ANTOINETTE.

Ce 16 octobre 1793, à 4 heures et demie du matin.

C'est à vous, ma sœur, que j'écris pour la dernière fois. Je viens d'être condamnée non pas à une mort honteuse, elle ne l'est que pour les criminels, mais à aller rejoindre votre frère ; comme lui innocente, j'espère montrer la même fermeté que lui dans ces derniers momens. Je suis calme comme on l'est, quand la conscience ne reproche rien ; j'ai un profond regret d'abandonner mes pauvres enfans ; vous savez que je n'existais que pour eux et vous, ma bonne et tendre sœur, vous qui avez par votre amitié, tout sacrifié pour être avec nous ; dans quelle position je vous laisse ! J'ai appris par le plaidoyer même du procès, que ma fille était séparée de vous. Hélas ! la pauvre enfant, je n'ose lui écrire, elle ne recevrait pas ma lettre. Je ne sais même pas si celle-ci vous parviendra ; recevez pour eux deux ici, ma bénédiction. J'espère qu'un jour, lorsqu'ils seront plus grands, ils pourront se réunir avec vous, et jouir en entier de vos tendres soins. Qu'ils pensent tous deux à ce que je n'ai cessé de leur inspirer ; que les principes et l'exécution exacte de ses devoirs sont la première base de la vie ; que leur amitié et leur confiance mutuelle en feront le bonheur ; que ma fille sente qu'à l'âge qu'elle a, elle doit toujours aider son frère par les conseils que l'expérience qu'elle aura de plus que lui , et son amitié pourront lui inspirer ; que mon fils à son tour, rende à sa sœur tous les soins et les services que l'amitié peut inspirer ; qu'ils sentent enfin tous deux que, dans quelque position où ils pourront se trouver, ils ne seront vraiment heureux que par leur union. Qu'ils prennent exemple de nous. Combien dans nos malheurs notre amitié nous a donné de consolation ! et dans le bonheur on jouit doublement quand on peut le partager avec un ami ; et où en trouver de plus tendre, de plus cher que dans sa propre famille ? Que mon fils n'oublie jamais les derniers mots de son père , que je lui répète expressément : qu'il ne cherche jamais à venger notre mort.

J'ai à vous parler d'une chose bien pénible à mon cœur. Je sais combien cet enfant doit vous avoir fait de la peine ; pardonnez-lui, ma chère sœur ; pensez à l'âge qu'il a, et combien il est facile de faire dire à un enfant ce qu'on veut, et même ce qu'il ne comprend pas : un jour viendra, j'espère, où il ne sentira que mieux tout le prix de vos bontés et de votre tendresse pour tous deux. Il me reste à vous confier encore mes dernières pensées. J'aurais voulu les écrire dès le commencement du procès ; mais outre qu'on ne me laissait pas écrire, la marche en a été si rapide que je n'en aurais réellement pas eu le temps.

Je meurs dans la religion catholique, aposto-lique et romaine, dans celle de mes pères, dans celle où j'ai été élevée et que j'ai toujours professée, n'ayant aucune consolation spirituelle à attendre, ne sachant pas s'il existe encore ici des prêtres de cette religion, et même le lieu où je suis les exposerait trop, s'ils y entraient une fois.

Je demande sincèrement pardon à Dieu de toutes les fautes que j'ai pu commettre depuis que j'existe. J'espère que dans sa bonté il voudra bien recevoir mes derniers vœux, ainsi que ceux que je fais depuis long-temps pour qu'il veuille bien recevoir mon ame dans sa miséricorde et sa bonté. Je demande pardon à tous ceux que je connais, et à vous, ma sœur, en particulier, de toutes les peines que, sans le vouloir, j'aurais pu vous causer. Je pardonne à tous mes enne-mis le mal qu'ils m'ont fait. Je dis ici adieu à mes tantes et à tous mes frères et sœurs. J'avais des amis, l'idée d'en être séparée pour jamais et leurs peines sont un des plus grands regrets que j'emporte en mou-rant ; qu'ils sachent, du moins, que jusqu'à mon der-nier moment, j'ai pensé à eux. Adieu, ma bonne et tendre sœur ; puisse cette lettre vous arriver ! pensez toujours à moi ; je vous embrasse de tout mon cœur, ainsi que mes pauvres et chers enfans ; mon Dieu ! qu'il est déchirant de les quitter pour toujours. Adieu, adieu ! Je ne vais plus m'occuper que de mes devoirs spirituels. Comme je ne suis pas libre dans mes ac-

tions, on m'amènera peut-être un prêtre, mais je proteste ici que je ne lui dirai pas un mot, et que je le traiterai comme un être absolument étranger. »

Pour copie conforme à l'original écrit en entier de la main de S. M. la Reine Marie-Antoinette.

Le ministre de la police générale du royaume,

Signé, *le comte DE CAZES.*

CHAMBRE DES PAIRS.

Bulletin de la séance du mercredi 22 février 1816.

La chambre s'est réunie à deux heures.

Le ministre des affaires étrangères, président du conseil des ministres, et le ministre de la police générale, ont été introduits.

Après la lecture du procès-verbal, le premier de ces ministres a communiqué à la chambre, de la part du Roi, une lettre écrite à madame Élisabeth, par l'infortunée Reine *Marie-Antoinette,* cinq heures avant sa mort. Cette lettre, écrite toute entière de la main de la Reine, a été retrouvée parmi les papiers de l'ex-conventionnel Courtois. S. M. a voulu que la chambre des Pairs reçût la première communication de cette pièce intéressante. Il en a été gravé un *fac simile* qui sera distribué demain aux pairs et aux députés.

M. le vicomte de Châteaubriand ayant obtenu la parole, a exprimé avec autant de chaleur que de noblesse les sentimens que faisait naître dans l'assemblée cette douloureuse communication. Il a proposé de transmettre au Roi, par une grande députation de la chambre, l'hommage de ses sentimens.

M. le duc de Choiseul, en appuyant cette proposition, a payé à la mémoire de l'auguste compagne de Louis XVI un juste tribut de respect et d'admiration.

Le discours de M. de Châteaubriand et celui de M. de Choiseul seront imprimés.

La chambre, d'une voix unanime, a adopté la proposition qui lui a été faite, et M. le Président a tiré au sort les membres de la députation.

CHAMBRE DES DÉPUTÉS.

Séance du mercredi 22 février.

MM. les ministres des affaires étrangères et de la police générale avaient été introduits dans la salle pendant que M. Serres était à la tribune ; après le discours de ce membre, M. le ministre de la police générale demande à être entendu ; il monte à la tribune, et du ton qui annonçait l'émotion profonde qu'il allait communiquer, d'une voix sensiblement altérée, il s'est exprimé à-peu-près en ces termes :

Messieurs, le Roi nous a chargés de vous faire une communication qui doit toucher vivement vos cœurs.. Un profond silence s'établit : la chambre semble pressentir l'objet de la communication : un sentiment d'émotion est empreint sur toutes les physionomies...

M. le comte de Cazes continue. La mort du juste n'est jamais perdue pour la postérité : elle donne toujours de graves et salutaires leçons ; la Providence avait permis qu'il restât une trace écrite des dernières pensées, des derniers vœux que formait pour son peuple un monarque dont le nom est à jamais consacré dans le souvenir des hommes ; elle avait permis qu'il existât un testament de Louis XVI.

Mais cette triste consolation ne nous avait pas été accordée. Parmi les touchans souvenirs que laissait la plus auguste et la plus infortunée des mères, des épouses et des reines, la fille de Marie-Thérèse, cette princesse digne du fils de saint Louis, digne de partager sa couronne et son martyre, Dieu seul avait entendu la voix de la Reine mourante : son auguste fille n'avait pas recueilli l'expression de ses derniers vœux. Vingt-trois ans se sont écoulés depuis que cet écrit a été tracé à l'heure dernière, de la plus aimée comme de la plus malheureuse des souveraines. Enfin la Providence a permis qu'il pût être présenté à l'auguste fille de nos Rois, et porter quelqu'adoucissement à ses douleurs, alors même qu'il les renouvelle. Cette lettre est reconnaissable par l'empreinte de l'écriture de la Reine, dont les caractères ne sont nulle part tracés d'une main plus ferme et plus sûre, comme pour montrer le calme de son ame en cet affreux moment. Elle n'est pas signée ; mais l'authenticité en est garantie par un témoignage qui inspire l'horreur.... Le testament de la victime est signé par ses bourreaux.

Ce testament respire la tendresse d'une mère, d'une épouse, d'une sœur et d'une amie, la dignité d'une reine, la fermeté d'un sage : il est digne d'être entendu à côté de ce testament auguste et saint qui mérita d'être lu dans la chaire de vérité après la paroles de Dieu.

M. le comte de Cazes donne ici lecture de la lettre de la reine de France Marie-Antoinette, à sa sœur Madame Élisabeth.

Paris, le 23 février.

Par suite de la communication faite par le Roi à la chambre des pairs , la grande députation de cette chambre a été admise à l'audience de S. M., aujourd'hui à huit heures et demie du soir.

Elle a été conduite à cette audience par le marquis de Dreux-Brézé, grand-maître ; M. de Saint-Félix, premier aide, et M. de Geslin second aide des cérémonies, et présentée par le grand-maître.

M. le chancelier, président de la chambre des pairs, a adressé la parole à S. M. en ces termes :

« SIRE,

» Votre chambre des pairs, profondément touchée de la communication que V. M. a daigné lui faire, aurait voulu pouvoir s'affranchir des formes que votre sagesse a prescrites, pour porter sans délai aux pieds du trône l'hommage de sa respectueuse reconnaissance.

» L'horreur et l'admiration se sont confondues à la lecture de cet écrit miraculeusement conservé ; qui peint si bien la grande ame et le caractère héroïque de S. M. la reine Marie-Antoinette, victime innocente du plus épouvantable attentat ; elle est toute entière à son Dieu et à sa royale famille : quel merveilleux courage ! quelle angélique résignation dans l'emploi de ses derniers momens !

» Comme elle est sublime, quand elle trace d'une main ferme ses dernières pensées ! pensées d'inquiétude et de tendresse pour ses enfans, de bienveillance et d'affection pour ses amis ; pensées que notre religion sainte, et la mémoire du Roi-martyr, a pu seule inspirer ; pensées d'indulgence et de pardon pour ses bourreaux. Leur audace impie n'a pas osé détruire ce précieux monument de la plus haute vertu ; c'est au moment où le crime, trop long-temps impuni, commence enfin l'expiation de sa nouvelle révolte, qu'il est forcé par la Providence de restituer à sa royale victime cet ancien titre de gloire, qui devient pour elle un nouveau gage d'immortalité, et pour la France entière un nouveau sujet d'éternelle admiration.

» Vos nouveaux sujets , les pairs de France, ne peuvent trop remercier Votre Majesté d'avoir daigné les associer à des émotions qu'ils étaient dignes de partager ; nous saisissons avec empressement cette occasion d'adhérer de cœur et d'ame aux sentimens exprimés, comme au serment prononcé par la chambre des débutés, relativement au crime du 21 janvier.

» On peut nous égaler, Sire, mais on ne nous surpassera jamais en véritable dévouement, en respect pour votre personne, en fidélité pour votre auguste dynastie.

» Nous supplions Votre Majesté de permettre que le nom de la chambre des pairs ne soit pas oublié sur les monumens qui serviront à éterniser le deuil et les regrets de de la France. »

Le ROI a répondu :

« *Je suis fort touché des sentimens que vous m'exprimez au nom de la chambre des pairs ; en lui donnant communication de la pièce qui m'a le plus ému dans ma vie, j'ai voulu lui faire partager la douleur et l'admiration qu'elle a excitées dans mon ame.*

Je reçois avec plaisir le désir que vous m'exprimez, de voir vos noms gravés sur l'airain qui doit attester à jamais nos regrets et notre vénération ; c'est ainsi que vous pouvez le mieux me prouver votre attachement.

La grande députation de la chambre des pairs, d'après la permission demandée au Roi par M. le chancelier, s'est ensuite rendue chez MADAME, duchesse d'Angoulème, conduite et présentée comme elle l'avait été chez S. M.

M. le chancelier s'est exprimé ainsi :

« MADAME,

» Le Roi permet à la grande députation de la chambre des pairs de venir auprès de V. A. R., bénir avec elle les bienfaits de la Providence qui restitue à notre vénération un des plus beaux titres de gloire de Sa Majesté votre auguste mère.

» Nous retrouvons dans cette pièce mémorable la source féconde des hautes vertus dont nous possédons avec orgueil la vivante image.

» Cet écrit sublime nous offre aussi le principe de cette union touchante qui fit la consolation comme elle fait aujourd'hui le bonheur de votre auguste famille.

» Puisse, MADAME, cette grande reine, qui préparait nos destinées quand elle s'occupait si tendrement des vôtres, accueillir du haut du ciel l'hommage de respect et d'admiration que la chambre des pairs aime à rendre à sa mémoire. »

MADAME a répondu :

Je reçois avec émotion l'assurance des sentimens de la chambre des pairs ; je remercie le Roi de lui avoir permis de me les exprimer, je le remercie aussi d'avoir ordonné la publication d'une pièce que tous les Français verront avec sensibilité.

Une grande députation de la chambre des députés a été admise dans les mêmes formes, et pour le même objet, auprès du ROI et de MADAME.

CHAMBRE DES DÉPUTÉS.

Séance du 23 février.

M. L'ainé occupe le fauteuil.

Après la lecture du procès-verbal, M. le président prend la parole pour rendre compte à l'assemblée de l'admission auprès du ROI et de MADAME de sa grande députation.

Messieurs, le grand-maître des cérémonies, dit M. le président, a fait connaître à la chambre que S. M. voudrait bien recevoir sa grande députation à neuf heures. Elle a été introduite, avec les formes d'usage, dans la salle du trône, et, après la lecture de l'adresse que vous connaissez, S. M. a daigné répondre à votre députation.

Nous consignons ici l'adresse de la chambre et la réponse de Sa Majesté.

SIRE, après la profonde douleur que nous a causée la communication que Votre Majesté a daigné faire à la chambre, notre première pensée est d'admirer la Providence qui a permis au temps de nous révéler les derniers sentimens de notre princesse. Pour-

quoi faut-il que la tombe seule soit inexorable et re-
tienne à jamais l'auguste victime que nous pleurons !
Mais non, elle n'est pas pour nous morte toute entière.
Son ame religieuse et royale s'est répandue dans cette
lettre qui semble ajouter quelque chose au testament
qui vous a légué des vertus plus qu'héroïques, parce
qu'elles sont chrétiennes.

Nous vous remercions, Sire, du don que votre
bonté fait à chacun de nous, de la lettre dont l'art
reproduit les traits originaux, mais où notre ame dé-
couvre bien mieux l'image du cœur de Marie-Antoinette, reine de France et de Navarre ; nous la trans-
mettrons, cette lettre, en héritage à nos enfans ; elle
leur apprendra qu'il est des vertus supérieures aux
égaremens des siècles, et que la religion qui inspire
ces vertus est dans le cœur des Rois ; le gage le plus
sûr du bonheur des peuples. »

Réponse du Roi.

*Je suis sensible aux sentimens que m'exprime la
chambre des députés à l'occasion de la communication que je lui ai faite. Aucun évènement ne m'a
plus profondément touché que cette découverte. J'en
rends grâces à la Providence qui a voulu révéler les
vertus de celle dont je fus le sujet, le frère, et j'ose
dire l'ami. Je suis sûr que chacun de vous conservera
avec soin le présent que je lui fais, et le transmettra
à nos neveux, et comme nous, ils rendront justice à
celle à qui elle fut si peu rendue de son vivant.*

M. le président ajoute qu'en prononçant les derniers mots de sa réponse, la voix de Sa Majesté était sensiblement altérée.

Nous avons, poursuit M. Lainé, demandé la permission, conformément aux lois, de nous présenter chez MADAME. Cette princesse nous a reçus quoiqu'il fut déjà fort tard. Le président de la grande députation a dit :

« MADAME,

» Le Roi vient de nous permettre d'exprimer à votre Altesse Royale les sentimens qu'a fait naître la lettre de votre auguste mère. Ces nobles caractères ont réveillé en nous la vive douleur que le temps a fait taire sans l'affaiblir. Mais cette douleur se tempère à la vue de Votre Altesse Royale ; nous nous disons que Marie-Antoinette revit en Marie-Thérèse ; ce sont les mêmes vertus, c'est le même courage, et en voyant briller en vous, MADAME, les sentimens religieux de deux princesses, les cœurs appaisés se rouvrent à l'espérance et aux consolations. »

MADAME a répondu :

Je suis vivement touchée de votre démarche. Les souvenirs que me rappelle la lettre miraculeusement conservée et écrite par une main si chère, me causent une émotion trop grande pour répondre comme je le voudrais à votre empressement.

Au moment où les députés se retiraient, continue

M. le président, MADAME a ajouté, avec la bonté qui la caractérise.

Je n'ai pas voulu faire attendre votre députation. Je serai toujours la même pour la chambre des députés.

Des cris de *vive le Roi !* succèdent à cette communication.

On demande de toutes parts l'impression et la distribution à six exemplaires.

M. de Marcellus. Messieurs, l'attendrissement religieux dont a pénétré nos ames la touchante communication qui nous a été faite au nom du Roi, l'émotion profonde de mon cœur, qui sait si bien s'unir à tous les sentimens de mes collègues, me laissent à peine la force de vous exprimer un vœu qui, je n'en puis douter, est déjà le vôtre. Nous n'avons pas assez de larmes pour déplorer tous les excès, tous les malheurs auxquels a livré notre patrie, la plus désastreuse révolution qui ait jamais ravagé le Monde. Ah ! désabusons-nous enfin de cet esprit révolutionnaire dont nous voyons de si funestes résultats. Que de si cruelles expériences ne soient pas perdues. Que la révolution ne pèse plus sur la France. Que sa fatale influence ne se fasse plus sentir. Embrassons, comme l'autel du réfuge, ces principes immuables et salutaires qui font la stabilité des États. Hélas ! par quels regrets amers et superflus Dieu punit les Français de leur imprudence à écouter des novateurs perfides, à ébranler les bornes qu'avait posées la sagesse de leurs pères, de leur amour déréglé pour l'indépendance, et sur-tout de leur irreligion ! O France ! ô ma patrie apprends et vois combien il est amer et douloureux pour tes enfans, d'avoir abandonné leur Dieu et leur Roi ! Ah ! si tu avais toujours marché dans la voie que t'avaient tracée les pieux législateurs qui ont fondé de siècle en siècle le royaume très-chrétien, le bonheur et la paix auraient toujours présidé à tes destinées.

Reviens, reviens à cette religion divine qui, non contente de faire le bonheur des hommes dans une autre vie, les rend heureux dès celle-ci, en établissant sur des bases fixes et inébranlables, les constitutions de l'ordre social. Que du moins ce que tu as perdu te rende plus cher ce qui te reste. Profite de tes regrets en chérissant de plus en plus le meilleur des Rois et cette auguste famille, qui se recommandent à ton amour, à ta vénération, j'ai presque dit à ton culte, de si précieux, de si nobles, de si touchans souvenirs. Que les haines, que les divisions cessent en France. Unissons-nous dans le sein du meilleur des pères ; vivons pour son bonheur et pour le nôtre. Soyons tous enfans d'une même famille ; pressons-nous, serrons-nous autour de ce trône de salut. O France ! ô ma chère patrie ! nous verrons encore luire pour toi de beaux jours, si nous parvenons à l'honneur, à la foi.

Nous ne pouvons, Messieurs, rendre assez public, assez solennel un monument si touchant, si sacré, et qui nous prêche si éloquemment toutes ces doctrines bienfaisantes, qui seules peuvent nous sauver. Que tous les Français écoutent, pratiquent ces graves et si importantes leçons.

J'ai donc l'honneur de proposer à la chambre d'ordonner l'impression du testament de notre Reine, de l'adresse de la chambre, et de la belle réponse de S. M. Je désirerais encore que ces pièces fussent envoyées à toutes les communes du royaume pour être déposées dans leurs archives.

CHAMBRE DES PAIRS.

Bulletin de la séance du samedi 24 février.

La chambre s'est réunie à une heure.

Après l'adoption du procès-verbal, M. le président a rendu compte à l'assemblée de l'exécution donnée à son arrêté du 22 de ce mois, qui chargeait une grande députation de porter au Roi l'expression des sentimens de la chambre relativement à la communication faite dans 'la séance du même jour, de la lettre écrite à Madame Elisabeth par la feue Reine Marie-Antoinette, quatre heures avant sa mort.

M. le président a mis sous les yeux de la chambre le discours qu'il avait adressé au Roi à cette occasion ainsi que la réponse de S. M.

Il a ajouté qu'avec la permission du Roi la députation s'était ensuite présentée chez MADAME, duchesse d'Angoulême. Il a donné lecture du discours qu'il avait adressé à S. A. R. et de la réponse qu'elle a faite.

L'assemblée a ordonné que le tout serait inséré au procès-verbal, imprimé et distribué.

Voici le texte du discours adressé à la chambre par M. le vicomte de Châteaubriand, après la communication donnée par M. le ministre des affaires étrangères de la lettre de la Reine Marie-Antoinette :

Messieurs ,

Un mois juste s'est écoulé depuis le jour où vous fûtes appelés à Saint-Denis; vous y entendites la lecture de l'évangile du jour, du testament de Louis XVI : voici un autre testament. C'est quatre heures avant de mourir, que Marie-Antoinette a écrit ce que vous venez d'entendre. Avez-vous remarqué dans cette lettre quelques traces de faiblesse? . . . . Marie - Antoinette , du fond des cachots, écrit à Madame Élisabeth aussi tranquillement qu'elle l'eût fait au milieu des adorations et des pompes de Versailles. Le premier crime de la révolution fut la mort du Roi, mais le crime le plus affreux fut la mort de la Reine. Le Roi du moins conserva quelque chose de la royauté jusque dans les fers, jusqu'à l'échafaud; le tribunal de ses prétendus juges était nombreux.... Le fils de Saint-Louis eut un prêtre de sa religion pour aller à la mort, et il n'y fut pas traîné sur le char commun des victimes; mais la fille des Césars, couverte de lambeaux; réduite à raccommoder elle-même ses vêtemens, outragée devant un tribunal infâme, par quelques assassins qui se disaient des juges, conduite sur un tombereau au supplice, et cependant toujours Reine!.. Il faudrait, Messieurs, avoir le courage même de cette grande victime pour achever ce récit.

Vingt-trois années sont révolues depuis que cette lettre a été écrite : ceux qui eurent la main dans les crimes de cette époque (du moins ceux qui n'ont point été rendre compte de leurs œuvres à Dieu), ont vécu dans ce qu'on appelle la prospérité; ils cultivaient leurs champs en paix, comme si leurs mains étaient innocentes .....

Celui qui nous a conservé le testament de Marie-Antoinette avait acheté la terre de Montroisier : juge de Louis XVI, il avait élevé dans cette terre un monument à la mémoire du défenseur de Louis XVI; il avait écrit lui-même une épitaphe en vers français à la louange de M. de Malesherbes. N'admirons point ceci : pleurons plutôt sur la France. Cette épouvantable impartialité, qui ne produit ni remords ni expiations, le calme du crime qui juge équitablement la vertu, annoncent que tout est déplacé dans le monde moral; que le mal et le bien sont confondus. Mais admirons la Providence, dont les regards ne se détournent jamais du coupable : il croit échapper à travers les révolutions; il parvient au bonheur, à la puissance ... Les générations passent, les années s'accumulent, les impressions s'effacent, tout semble oublié : la vengeance divine arrive tout-à-coup, se présente face à face devant le criminel, et lui dit, en l'arrétant : me voici. En vain le testament de Louis XVI assure la grace aux coupables : un esprit de vertige les saisit; ils déchirent eux-mêmes ce testament; ils ne veulent plus être sauvés. La voix du peuple se fait entendre par la voie de la chambre des députés; la sentence est prononcée; et, par un enchaî-nement de miracles, le premier résultat de cette sentence est de faire découvrir le testament de la Reine.

Messieurs, c'est à notre tour à prendre l'initiative. La chambre des députés a voté une adresse au Roi, pour protester contre le crime du 21 janvier; témoi-gnons tous l'horreur que nous inspire le crime du 16 octobre.

Je propose que M. le président, à la tête de la grande députation, porte aux pieds de S. M. les très-respectueux remercîmes des pairs de France; qu'il exprime toute la douleur qu'ils ont ressentie à la lecture de la lettre de la Reine, et toute l'horreur qu'ils éprouvent de l'épouvantable attentat dont cette lettre rappelle le souvenir; qu'il dise à S. M. que la chambre des pairs se joint de cœur et d'âme à celle des députés, dans les sentimens exprimés par le serment prononcé par cette dernière chambre, relativement au crime du 21 janvier, suppliant le Roi de permettre que le nom de la chambre des pairs ne soit point oublié sur les monumens qui serviront à éterniser les regrets et le deuil de la France.